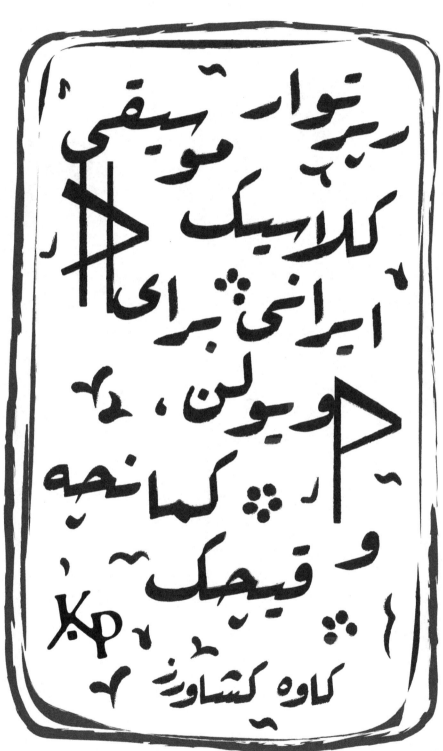

رپرتوار موسیقی کلاسیک ایرانی برای ویولن، کمانچه و قیچک

کاوه کشاورز

۳

پیشکش به

پدر و مادرم

که بذر محبت و تلاش را در من کاشتند

و

همسرم

که آموزگار صبر و بردباری است

و

همه آنهایی

که زندگی خود را وقف حفظ و اشاعه موسیقی ایرانی کرده اند

سریال کتاب: P2145310064

سرشناسه : KSV 2021

عنوان: رپرتوار موسیقی کلاسیک ایرانی

زیر نویس عنوان: برای ویولن، کمانچه و قیچک

نویسنده: کاوه کشاورز

شابک کانادا: 9781989880623 ISBN

موضوع: موسیقی ایرانی، نت های موسیقی ، موسیقی کلاسیک ایرانی

مشخصات کتاب: کتاب صحافی مقوایی سایز A4

تعداد صفحات: 98

تاریخ نشر در کانادا: دسامبر ۲۰۲۱

ویراستاری: کاوه کشاورز

Kidsocado Publishing House

خانه انتشارات کیدزوکادو

ونکوور، کانادا

تلفن: ۸۶۵۴ ۶۳۳ (۸۳۳) ۱+

واتس آپ: ۷۲۴۸ ۳۳۳ (۲۳۶) ۱+

ایمیل: info@kidsocado.com

وبسایت انتشارات: https://kidsocadopublishinghouse.com

وبسایت فروشگاه: https://kphclub.com

همانطور که می‌دانید بسیاری از کتاب‌های موسیقی سابقاً با سی دی ارایه می‌شدند اما اکنون چون دستگاه‌های الکترونیکی اکثراً مجهز به سی دی درایو نیست و بیشتر افراد از گوشی تلفن همراه استفاده می‌کنند. برای راحتی شما تمام قطعات را در صفحه ای جداگانه برای شما آماده کرده ایم که همراه هر قطعه با بار کد مشخص شده است که نمونه اجرای قطعه و یا ساز همراهی کننده در آن قرار دارد و شما می توانید به آن گوش دهید . برای این منظور شما می‌توانید بار کد کنار قطعات را اسکن کنید و یا به وب سایت زیر مراجعه کنید.

https://www.kphclub.com/repratoal-persian-classic

سخنی از طرف انتشارات:

نویسندگان، هنرمندان و فرهیختگان روزها، ماه‌ها و سال‌ها حاصل دسترنج خود را بصورت یک کتاب در می‌آورند و به شما هدیه می‌دهند. کتاب ارزان‌ترین راه دستیابی به تجربیات و دود چراغ خوردن‌های سال‌های یک انسان است.

کپی کردن محصولات چه برای کسی که کپی می‌کند و چه برای کسی که کپی را استفاده می‌کند یک سرقت ادبی یا دزدی هنری محسوب می‌شود.

یک روز ممکن است شما و فرزندان شما محصولی به دنیا عرضه کنید و حتماً نمی‌خواهید که این اتفاق برای شما و فرزندانتان بیافتد.

خانه انتشارات کیدزوکادو با اینگونه سرقت‌های ادبی و هنری به شدت برخورد می‌کند و از شما دوست عزیزی که از محصولات ما لذت بردید نیز انتظار داریم نه تنها این حق را برای نویسنده این کتاب بلکه برای کلیه نویسندگان دنیا محترم بشمارید و در این راه همراه ما باشید.

از شما نوازندگان و استادید عزیز دعوت به عمل می‌آید که نمونه قطعاتی که از این کتاب که خود و یا شاگردانتان می‌نوازید برای ما ارسال کنید تا با دیگران به اشتراک بگذاریم.

برای اشتراک گذاری به وبسایت زیر مرجعه کنید.

https://www.kphclub.com/repratoal-persian-classic/g

برگه اطلاعات شخصی

مشخصات هنرجو

این کتاب متعلق است به ....، به شماره شناسایی: ....، و شماره هنرجویی: ....

در صورت نیاز می‌توان از طریق تلفن: ....، یا ایمیل: ....@........................، با صاحب کتاب تماس بگیرید.

مشخصات مربی (ها)

نام و نام خانوادگی: ....

راه‌های ارتباطی با مربی: تلفن: ....، یا ایمیل: ....@........................

مشخصات موسسه آموزشی

نام موسسه آموزشی: ....

راه‌های ارتباطی با موسسه: تلفن: ....، یا ایمیل: ....@........................

ثبت رپرتوار

آغاز رپرتوار

آغاز رپرتوار: سطح: ....، روز: ....، ماه: ....، سال: ....

نام و نام خانوادگی مربی و امضاء: ....

فهرست کتاب

پیوست این کتاب:

۱- **بارکد ویژه**، برای دانلود نمونه‌های صوتی ساز همراهی کننده و اجرای کامل قطعه!

دیباچه

زمانی‌که واژه کلاسیک جایگزین واژه سنتی شد، موسیقی شهری ایرانی، جنبه رسمی خود را باز یافت.

موسیقی کلاسیک در همه جای جهان، موسیقی رسمی به حساب می‌آید و خود می‌تواند به ژانرها وگونه‌های مختلفی درآید. با به کار بردن این واژه (کلاسیک)، دیگر تفکّر سنت‌گرایی صِرف، معنای خود را از دست داد و در حقیقت، هویّت وتشخّص بیشتری یافت؛ همان‌گونه که در موسیقی کلاسیک غربی (جهانی) نیز، آنانی که به دنبال ریشه هستند، تحت عنوان متخصصین اجرای موسیقی قدیم (سنتی)، جایگاه ویژه‌ای یافته‌اند. این افراد توانایی آن را دارند تا موسیقی قدیمی خود را با اصیل‌ترین حالت ممکن اجرا کنند. حتّی برای بیشتر نزدیک شدن به اصالت موسیقیِ قدیمِ خود، از سازها و ابزارهای همان دوره استفاده می‌کنند. اما، از سوی دیگر، موسیقی‌دانان آنها، به دور ازتعصب وتفکرات متحجّرانه، برای پیشرفت و توسعه موسیقی خود تلاش می‌کنند تا راه‌هایی جدید بیابند.

جای‌تاسف است که درسالیان گذشته، اِشرافِ تفکّر مبتنی بر تعصب‌گرایی در موسیقی و کنترل شرایط، از طریق معتبرترین مرجع قانونی و علمی، یعنی دانشگاه، سبب شد تا درّه‌ای عمیق میان موسیقی قدیم و معاصر (به معنای جهانی آن)، حفر شود و مردم، قبل از آشنایی و خو گرفتن کامل با شیوه‌های جدیدتر، با نمونه‌ای از موسیقی معاصر رو به رو شدند، که یا از درک آن عاجزند، یا مانند پادشاه نگون‌بخت داستان *"هانس کریستیان اندرسون"*، از ترس رسوایی و محکوم شدن به بی‌کلاسی! یا ناآگاهی، از شنیدن آن، فریاد براوو! سر می‌دهند.

تردیدی نیست که در چنین زمانی، نوابغی مانند درویش‌خان، وزیری، خالقی، صبا، تجویدی و دهلوی، که با عشق، همه زندگی خود را وقف پیشرفت و ارتقاء موسیقی ایران نموده‌اند، از دیدِ این متعصبانِ به ظاهر حامی فرهنگ!، بی‌ارزش و حتّی خیانت‌کار خطاب می‌شوند؛ حال آن‌که، خیانت در معنای واقعی آن همان افکار بسته‌ای است که سبب شده است تا موسیقی کلاسیک ایران در این چند دهه، به اندازه چند قرن از پیشرفت دور بماند.

امروز مردم با نوزاد نارس و شاید ناقص الخلقه‌ای رو به رو هستند که نه اصیل و قدیمی است و نه معاصر، و بسیاری از نمونه‌های آن، از تلاشی برای عقب نماندن از قافله جهانی حکایت می‌کند و گاهی، انگار می‌خواهد با هزار ترفند، حضور خود را برای مردم توجیه نماید. این در حالی است که مردمان مغرب زمین، برای گذر از موسیقی قدیم خود به موسیقی معاصر (که فعلا معاصر است و معلوم نیست برای نسل‌های بعد چه باشد)، چندین قرن، با نمونه‌هایی بسیار زیاد و متفاوت از آهنگ‌سازان بزرگ زندگی کرده و حساسیت و سلیقه شنیداری‌شان تربیت و تقویت شده است. از این رو، هر گونه تلاش برای آشتی مردم با موسیقی کلاسیک ایرانی و پر کردن درّه عمیق بین سنّت! و مدرنیته!، ستودنی است.

مجموعه "رپرتوار موسیقی ایران (برای ویولن، کمانچه و قیچک)"، نتیجه نزدیک به سه دهه تحقیق و پژوهش در زمینه موسیقی ایرانی، موسیقی علمی بین المللی، آنالیز آثار موسیقی‌دانان و آهنگ‌سازان ایرانی، شیوهای آموزش

موسیقی ایرانی و مقایسه آن با شیوه‌های نوین بین‌المللی (دانش رپرتوار)، و البته با تفکری نوگرایانه، می‌باشد.

از خصوصیات این مجموعه می‌توان به این موارد اشاره نمود:

- براساس دانش رپرتوار روز دنیا و توجه به ویژگی‌های موسیقی ایرانی، سطح بندی شده است.

- با آموزش دقیق آن، هنرجو مرحله به مرحله و به تدریج، و بر اساس توانایی خود، غیر از فراگیری مهارت‌های پایه‌ای موسیقی مانند درک شنوایی، ریتم، دینامیک، آرتیکولاسیون و فراز بندی، با ردیف و مفاهیم بیانی و تکنیکی موسیقی ایرانی نیز آشنا می‌گردد.

- هنرجو در همه سطوح، فرم‌های گوناگون موسیقی ایرانی مانند پیش درآمد، چهار مضراب و رنگ را می‌نوازد.

- ویرایش دقیق انگشت و آرشه گذاری و تناسب آن با هر سطح، سبب می‌شود تا هنرجو تمام فرم‌ها را به راحتی فرا گیرد.

- اصول بین المللی نگارش موسیقی در نت نگاری کتاب رعایت شده است.

- همراهی ساز ویولن سل (یا قیچک باس)، غیر از بالا بردن درک موسیقی و افزایش دقّت در کوک، سبب ایجاد انگیزه برای تمرین بیشتر می‌شود.

- انتخاب ساز ویولن سل، به دلایل متعدّدی صورت گرفته است، مانند: هم خانواده بودن آن با ویولن و در نتیجه تقویت رزونانس‌های همگون ویژه سازهای زهی آرشه‌ای خصوصا در مورد فواصل ایرانی، توانایی اجرای فواصل موسیقی ایرانی، و در نهایت، تلنگری به نوازندگان این ساز برای یاد گیری فواصل و حالت‌های بیانی موسیقی ایرانی، تا حدّاقل، در هنگام ضبط آثار آهنگ‌سازان سرزمینشان، برای توجیه ناتوانی خود در اجرای آرتیکولاسیون خاص و فواصل، به مذّمت و نکوهش خودِ موسیقی نپردازند و هویت فرهنگی و ملی خود را زیر سوال نبرند!

- استفاده از انواع موسیقی، از جدّی تا طنز، و از دامنه وسیعی از آهنگ‌سازان ایرانی، از آقا علی اکبر خان فراهانی تا امروز، سبب می‌شود تا نسل امروز و نسل‌های آینده از نبوغ و احساسات لطیف و عمیق دوران طلایی موسیقی ایرانی، به درستی و نیکی یاد کنند.

-در کنار نت بخشِ تک‌نواز، پارتی‌تور (ویولن- ویولن سل) قطعات در اختیار هنرجو قرار داده شده است، تا توانایی دیدن و شنیدن بخش همراهی کننده را به تدریج فرا گیرد.

- بخش همراهی (ویولن سل یا قیچک باس)، به گونه‌ای بر اساس اصول علمی کنترپوان طراحی شده است که نوازنده ساز همراهی کننده نیز مانند ساز اصلی، از اجرای ملودی‌هایش لذّت ببرد و بخشی از موسیقی به حساب آید، و نه تنها، به عنوان ساز همراه.

- وجود بخش همراهی‌کننده، خصوصاً در آموزشگاه‌ها و هنرستان‌هایی که در آنها خانواده سازهای زهی آموزش داده می‌شوند ، سبب می‌گردد تا فعّالیّت‌های گروهی بین کلاس‌های مختلف به وجود آید.

- این مجموعه، به عنوان منبع و مرجع درس "گروه‌نوازی" مدارس و هنرستان‌های موسیقی، قابل استفاده است.

* لازم به توضیح است که تعداد آثار نوشته شده برای موسیقی کلاسیک ایرانی در بخش گروه نوازی، در مورد تمامی سازهای ایرانی در زیر خط فقر است، و این موضوع، یکی از معضلات ارایه درس گروه‌نوازی در تمامی دانشگاه‌های کشور می‌باشد.

– وجود رپرتوار غنی و علمی و اجرای مستمرّ آنها در کنسرت‌ها، ممکن است سبب شود تا به دلیل افزایش اشتیاق نوازندگان و شنوندگان، تفکر متعصب غالب، مبنی برحذف ویولن به شیوه ایرانی از برنامه جشنواره‌ها و هنرستان‌ها، به تعادل و تکامل برسد و زحمات نوابغی چون وزیری، صبا، خالقی و شاگردان آنها به هدر نرود.

هم‌چنین باید اشاره کرد که این کتاب پیشتر در سال ۱۳۹۴ و به شکلی دیگر توسط انتشارات مانوش در ایران چاپ و منتشر شد.

در انتهای این آغاز:

نویدی برای دیگر سازهای ایرانی؛ پروژه عظیم رپرتوار موسیقی کلاسیک ایران، برای تمامی سازها در دست بررسی و آماده سازی است.

سپاسی افزون، از مهربانی دوستان و هنرجویانی که برای به ثمر نشستن این مجموعه، من را یاری نمودند، به ویژه هنرجویان و دانشجویان عزیزم سرکار خانم مهسا تاجیک‌زاده که بخش زیادی از آهنگ‌های این مجموعه را به خط نت درآوردند، سرکار خانم آیدا مختاری که آخرین بازبینی پیش از چاپ را با حوصله و دقتی وصف ناشدنی انجام دادند، نیز سرکار خانم نغمه کشاورز مدیر انتشارات بین المللی "کیدزوکادو" در کانادا که جدا از تشویق‌های مهربانانه، زحمت نشر این مجموعه را پذیرا شدند؛ و در پایان دختر عزیزم دریا که در تمام لحظات ساخت و ویرایشِ بخش ویولن سل، امکان عملی اجرای قطعات را برایم ممکن ساخت.

"این اثر، ادای دینی است به مهربانی‌ها و توجهاتی که از استاد گرانقدرم علی تجویدی به یادگار دارم، و تلاشی برای عمل به تکلیفی که ایشان، بر عهده این‌جانب گذاشته‌اند؛ رپرتوار موسیقی کلاسیک ایرانی". روحش شاد!

کاوه کشاورز
پاییز ۱۴۰۰ – شیراز

درباره کتاب

از آن‌چه در دیباچه گذشت چنین بر می‌آید، که این مجموعه به عنوان یک مرجع آموزشی جدید، نیاز به شیوه ارایه مخصوص به خود دارد. نگارنده، این امکان را فراهم آورده است تا همکاران بخش آموزش و علاقه‌مندان، از طریق کارگاه‌های حضوری، آن-لاین، یا دریافت فایل‌های تصویری از سامانه "www.changmusic.ir"، بتوانند با دانش رپرتوار آشنایی یابند.

اگرچه وجود شیوه آموزشی اختصاصی، که این مجموعه بر اساس آن طراحی شده است، ضروری به نظر می‌رسد، اما، یک مربی با تجربه و آگاه، بدون آن هم می‌تواند از این منابع بهره برده و هنرجویانش را به سویی صحیح هدایت کند؛ حتی هنرجویانی که با شیوه‌های دیگر آموزش می‌بینند نیز می‌توانند خود، قطعات دلنشین این مجموعه را بنوازند و ضمن پاس‌داشت و آشنایی با موسیقی ملی خود، از نواختن آنها لذت ببرند.

مجموعه رپرتوار موسیقی کلاسیک ایرانی برای ویولن (کمانچه و قیچک)، در هشت سطح طبقه‌بندی و هر سطح آن، از شش بخش (فرم) تشکیل شده است.

جدول شماره ۱، نشان می‌دهد که هر کدام از بخش‌ها، مربوط به یکی از فرم‌های اصلی و رایج در موسیقی کلاسیک ایرانی می‌باشد.

جدول شماره ۱:

کد درس	فرم موسیقی
A=آ	پیش در آمد، ضربی‌ها
B=ب	ردیف: آواز یا گوشه‌های ردیف موسیقی کلاسیک ایرانی
C=پ	چهار مضراب
D=ت	تصنیف
E=ث	رنگ
F=ج	آهنگ‌های محلی، فرم‌های دیگر

یک برنامه موسیقی ایرانی، مانند موومان‌های یک سونات کلاسیک یا سوییت باروک، از بخش‌های مختلفی تشکیل می‌شود، که به لحاظ فرم با هم تفاوت دارند. وجه مشترک اکثر این فرم‌ها آن است که بخش‌های تشکیل دهنده آنها، بر اساس منطق روان‌شناختیِ اجرا، به صورت متناوب، از قطعات با سرعت‌های آهسته و تند تشکیل می‌شوند (مانند ترتیبِ: تند، آهسته و تند، در اغلب فرم‌های سه موومانی).

بر طبق این تعریف کلی، در جدول زیر، چهار نمونه از یک برنامه کامل موسیقی ایرانی پیشنهاد شده است.

جدول شماره۲:

۱	پیش درآمد – ردیف (آواز) – چهار مضراب – رنگ
۲	پیش درآمد – ردیف (آواز) – چهار مضراب – تصنیف
۳	پیش درآمد – چهار مضراب – ردیف (آواز) – رنگ
۴	پیش درآمد – چهار مضراب – ردیف (آواز) – تصنیف

٭ منظور از ردیف، گوشه‌های آوازی و سازی ردیف موسیقی کلاسیک ایرانی است.

در هر دوره آموزشی (حدود چهار ماه)، هنرجو باید یک برنامه موسیقی ایرانی را فرا گیرد. این رپرتوار (یک دوره از برنامه آموزشی موسیقی)، شامل حداقل چهار قطعه از شش بخش تعیین شده در جدول شماره ۱ ، می‌باشد. جدا از اجرای قطعات تعیین شده برای رپرتوار –در زمان آزمون- از مهارت‌های پایه‌ای موسیقی مانند گام نوازی، بداهه‌نوازی و دیدخوانیِ استاندارد و متناسب با سطح قطعات نیز، از هنرجو خواسته می‌شود. از بین چهار قطعه، دو قطعه مربوط به فرم‌های ردیف و چهار مضراب، اجباری است (در هر دوره رپرتوار)، اما به جای پیش درآمد و رنگ، می‌توان به ترتیب، از بخش ضربی‌ها و فرم‌های دیگر، قطعاتی را جایگزین نمود.

هر چند طراحی کتاب به گونه‌ای است که در هر بخش تنها سه آهنگ قرار گیرد، اما به منظور افزایش حجم رپرتوار آموزشی، نیز نیاز و تشخیص احتمالی مربی برای بیشتر نگه داشتن هنرجو در هر سطح، ممکن است بعضی از بخش‌ها (فرم‌ها) از چهار یا پنج آهنگ، یا بیشتر تشکیل شده باشند که با شماره ویژه دسته‌بندی مشخص شده‌اند (برای نمونه: آ۳ = A3 ، یا پ۱ = C1).

زمان در نظر گرفته شده برای هر سطح آموزشی نزدیک به یک سال است. هنر جو در مدت یک سال آموزشی، در سه آزمون رپرتوار شرکت می‌کند (هر چهار ماه یک بار) و در هر دوره، یک برنامه موسیقی ایرانی را فرا می‌گیرد.

در پایان هر دوره آموزشی (هر چهار ماه)، آزمونی برگزار می‌گردد تا هنرجو با اجرای یک برنامه موسیقی ایرانی به همراهی ساز همراهی کننده و نیز دیگر مهارت‌های پایه‌ای موسیقی، نشان دهد که آیا مهارت‌های لازم برای گذر از سطح قبلی و رفتن به سطح بالاتر را به دست آورده است یا خیر؟!

نمونه خلاصه شده‌ای از فرم ارزیابی پایان دوره (شامل حداقل سه رپرتوار برای هر سطح)، در انتهای هر سطح ارایه شده است.

در صورتی‌که نوازنده ساز همراهی کننده در دسترس نباشد، می‌توان از فایل‌های صوتی ضبط شده که به همراه کتاب ارایه می‌گردد، استفاده کرد.

ویرایش انگشت و آرشه قطعات با توجه به دانش رپرتوار و ویژگی‌های هر سطح تعریف شده‌اند و بخشی از مهارت‌های لازم در هر سطح شمرده می‌شوند، ولی در صورت لزوم، مربی آگاه می‌تواند با صلاحدید خود، آنها را تغییر دهد.

نگارش کتاب بر اساس اصول نگارش بین‌المللی و با دقت بسیار زیاد صورت گرفته‌است. حتی فونت‌های علایمِ اختصاصی موسیقی ایرانی مانند "سُری" و "کُرُن"، با صرف زمانی قابل توجه، با اندازه‌هایی منطبق بر استانداردِ سایرِ علایمِ بین‌المللیِ مشابه، طراحی شده‌اند.

اگر چه این کتاب، به عنوان " اولین" رپرتوار معاصر موسیقی کلاسیک ایرانی، با دقت و وسواسی وصف ناشدنی آماده شده است، ولی بدون تردید، ممکن است که خطاهای احتمالی آن، در نظر همکاران گرامی، آشکار شود.

پیشاپیش از مهربانانی که نظرات خود را از طریق سامانه: "www.changmusic.ir"، بخش "ارتباط با ما" ارسال می‌نمایند سپاس‌گزاریم.

شیوه بررسی و چگونگی ارزیابی و نحوه استفاده از فرم ارزیابی کامل استاندارد، از حوصله این مجموعه خارج است و با روش‌هایی که در ابتدای این فصل (درباره کتاب) به آنها اشاره شد، به علاقه‌مندان ارایه خواهد گردید.

درباره آهنگ‌ها

- نت پارتی‌تور (ویولن و ساز همراهی کننده)، در دفترچه‌ای جداگانه ارایه شده است.

- نشانه‌هایی که درون پرانتز قرار دارند، متناسب با سطح آموزشی آن قطعه نیستند و اجرای آنها در آزمون الزامی نیست و هنرجو به صورت دل‌خواه می‌تواند آن را اجرا کند.

- *Ossia*، حالت دیگری از اجرای یک پاساژ یا فراز موسیقی را نشان می‌دهد، که از نظر تکنیکی، می‌تواند سخت یا آسان‌تر از فراز اصلی باشد. در هر صورت، اجرای آن در آزمون اختیاری است.

- ANON، که در قسمت مربوط به آهنگ‌سازِ قطعه موسیقی (گوشه راست بالا) نوشته می‌شود، اختصاری برای واژه Anonymous، و به معنای ناشناس می‌باشد.

- برای سهولت در یادگیری و توجه به اهمیت پیوند شعر و موسیقی آوازی در موسیقی کلاسیک ایرانی، شعرِ تصانیف به صورت تقطیع شده در زیر ملودی اصلی نوشته شده است. جدول تطبیقی الفبای فارسی و لاتین، به توصیه استاد گرانقدرم، جناب آقای حسین دهلوی، از کتاب ایشان استخراج و در انتهای هر کتاب آورده شده است.

- بخش ویولن سل، بر اساس اصول علمی آهنگ‌سازی بین‌المللی و با توجه به حالت‌ها و اهمیت ملودی در موسیقی ایرانی نوشته شده است و تبدیل مو به موی آن به سازهای دیگر، به دلیل به هم خوردن تعادل صوتی و طنین در محدوده‌های صوتی (Register) مختلف، به خصوص در فرازهای پیتزیکاتو، جای تامل دارد. اما، همکاران محترم، در صورت توانایی انتقال سریع کلیدها به یک‌دیگر، می‌توانند به جای ویولن‌سل از ساز ویولا یا کمانچه‌آلتو نیز استفاده نمایند.

علاقه‌مندان، در صورت نیاز به نت تغییر یافته دقیق و مورد نظر نگارنده (از ویولن سل به سازهای ویولا، ویولن، عود و غیره)، از طریق سامانه انتشارات درخواست خود را اعلام نمایند.

- نشانه "c." در نشانگان سرعت (مانند: ♩ = c. 64)، با تلفظ "Circa"، به معنای تقریبا می‌باشد. بنابراین، نوازنده در زمان آزمون، می‌تواند سرعتی "نزدیک" به عدد داده شده را اجرا کند.

- هنرجویان با استفاده از برخی نرم‌افزارهای پیشرفته مانند "Speed Shifter"، با تغییر مترونومیک سرعت (به ویژه با کاهش آن)، بدون تغییر زیاد در طنین و کیفیت صوتی نمونه‌های ساز همراهی کننده، می‌توانند، به تدریج، مهارت لازم برای اجرایی نزدیک به سرعت داده شده را به دست آورند.

- تلاش شده است که تا جایی که امکان دارد، آهنگ‌ها به صورت آموزشی و با ویرایش انگشت و آرشهِ نگارش شده، اجرا شوند (به ویژه در سطوح پایین‌تر). اما گاهی، به ویژه در برگشت‌ها، ممکن است بیان یا شیوه‌ای دیگر از اجرا ارایه شده باشد، تا ذائقه شنیداری و حس گوناگونی در اجرا، و نیز در بداهه نوازی‌های آینده، تحریک و تقویت شود.

- هزاران افسوس! که به دلیل عدم حمایت بخش‌های خصوصی و دولتی!، هم اکنون و در اولین چاپِ "اولین" رپرتوار معاصرِ موسیقی کلاسیک ایرانی، فایل صوتیِ بخش همراهی کننده، توسط نمونه‌های کامپیوتری، و البته با کیفیت و اجرایی قابل قبول، تهیه شده است. اما، جای امیدواری است که در آینده‌ای نه چندان دور، نمونه اجرای زنده سازِ همراهی کننده، از طریق سامانه انتشارات، ارایه گردد.

- تمامی قطعات، با ویولنِ سازگرانِ افتخار آفرین و با استعدادِ بین المللی، یعنی "برادران رضوانی" اجرا شده‌اند.

فهرست آهنگ‌های سطح ۳

دوضربی

(ماهور)

آ۱=A1

برای شنیدن نمونه صوتی ساز همراهی کننده (ویلون سِل)،
همچنین نمونه نواخته شده کامل قطعه (ویولن و ویولن سِل)
بار کد زیر را اسکن کنید.

G۳A۱ Cello Accompaniment

۵۲

نمونه صوتی ساز همراهی کننده

G۳ A۱ Complete Performance

۲۷

نمونه نواخته شده کامل قطعه

A1=آ۱

دوضربی

(ماهور)

Arranged & Edited by:
K. Keshavarz

M. Meftah

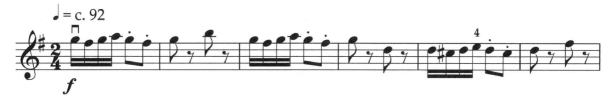

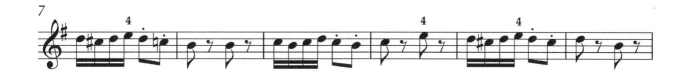

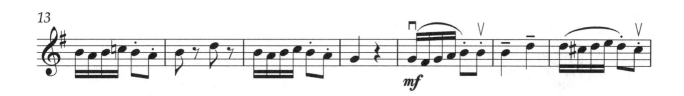

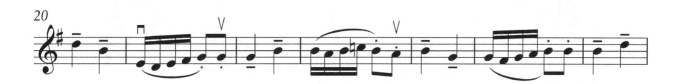

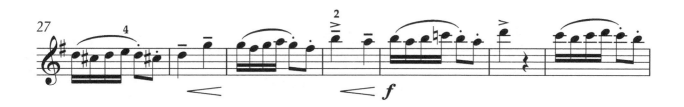

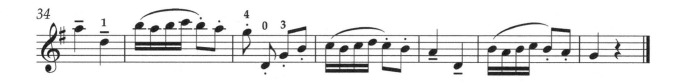

ابوعطای ضربی

A2=آ۲

برای شنیدن نمونه صوتی ساز همراهی کننده (ویلون سِل)،
همچنین نمونه نواخته شده کامل قطعه (ویولن و ویولن سِل)
بار کد زیر را اسکن کنید.

G۳A۲ Cello Accompaniment

۰۳

نمونه صوتی ساز همراهی کننده

G۳ A۲ Complete Performance

۲۸

نمونه نواخته شده کامل قطعه

A2=آ۲

ابوعطای ضربی

Arranged & Edited by:
K. Keshavarz

R. Khaleghi

پیش درآمد ابوعطا

A3=۳آ

برای شنیدن نمونه صوتی ساز همراهی کننده (ویلون سِل)،
همچنین نمونه نواخته شده کامل قطعه (ویولن و ویولن سِل)
بار کد زیر را اسکن کنید.

G۳A۳ Cello Accompaniment

۰۴

نمونه صوتی ساز همراهی کننده

G۳ A۳ Complete Performance

۲۹

نمونه نواخته شده کامل قطعه

A3=۳آ

پیش درآمد ابوعطا

Arranged & Edited by:
K. Keshavarz

R. Mahjubi

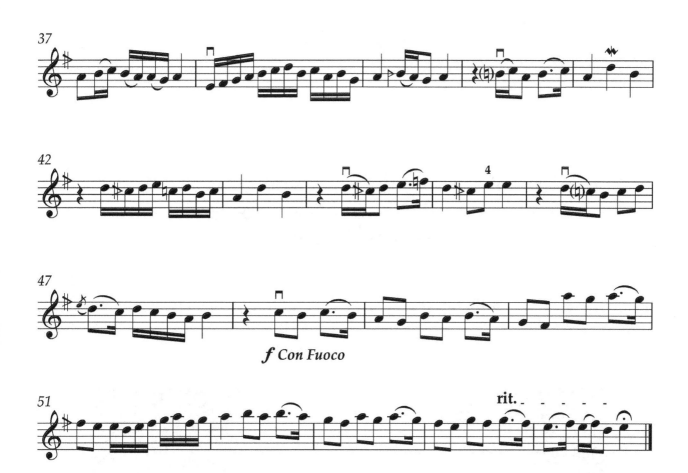

37
42
4
47
f Con Fuoco
51
rit.

پیش درآمد بیات ترک

(ماهور)

A4=۴۴۱

برای شنیدن نمونه صوتی ساز همراهی کننده (ویلون سِل)،
همچنین نمونه نواخته شده کامل قطعه (ویولن و ویولن سِل)
بار کد زیر را اسکن کنید.

G۳A۴ Cello Accompaniment

۰۵

نمونه صوتی ساز همراهی کننده

G۳ A۴ Complete Performance

۳۰

نمونه نواخته شده کامل قطعه

A4=۴آ

پیش درآمد بیات ترک

(ماهور)

Arranged & Edited by:
K. Keshavarz

A.Vaziri

ضربی دشتی
(اتود)

A5=آ۵

برای شنیدن نمونه صوتی ساز همراهی کننده (ویلون سِل)،
همچنین نمونه نواخته شده کامل قطعه (ویولن و ویولن سِل)
بار کد زیر را اسکن کنید.

G۳A۵ Cello Accompaniment

۰۶

نمونه صوتی ساز همراهی کننده

G۳ A۵ Complete Performance

۳۱

نمونه نواخته شده کامل قطعه

ضربی دشتی

(اتود)

A5=۵آ

Arranged & Edited by:
K. Keshavarz

Vaziri

خسروانی

ب=B1

برای شنیدن نمونه صوتِ ساز همراهی کننده (ویلون سِل)،
همچنین نمونه نواخته شده کامل قطعه (ویولن و ویولن سِل)
بار کد زیر را اسکن کنید.

G۳ B۱ Complete Performance

۳۲

G۳B۱ Cello Accompaniment

۰۷

نمونه نواخته شده کامل قطعه   نمونه صوتِ ساز همراهی کننده

B1=ب۱

خسروانی

Arranged & Edited by:
K. Keshavarz

Vaziri

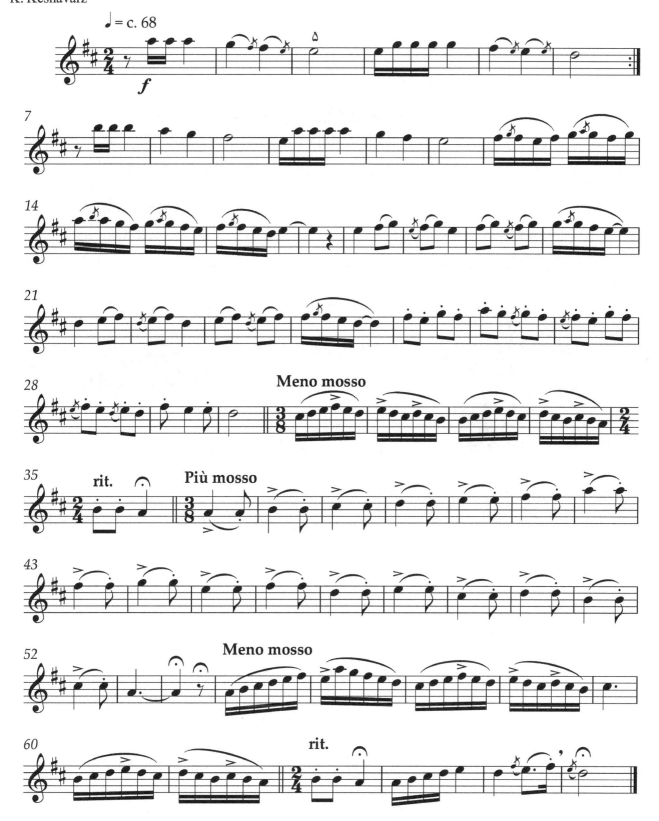

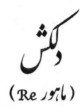

دلکش

(ماهور Re)

ب ۲=B2

برای شنیدن نمونه صوتی ساز همراهی کننده (ویلون سِل)،
همچنین نمونه نواخته شده کامل قطعه (ویولن و ویولن سِل)
بار کد زیر را اسکن کنید.

G۳B۲ Cello Accompaniment

۵۸

نمونه صوتی ساز همراهی کننده

G۳ B۲ Complete Performance

۳۳

نمونه نواخته شده کامل قطعه

B2=ب۲

دلکش

(ماهور Re)

Arranged & Edited by:
K. Keshavarz

A.Vaziri

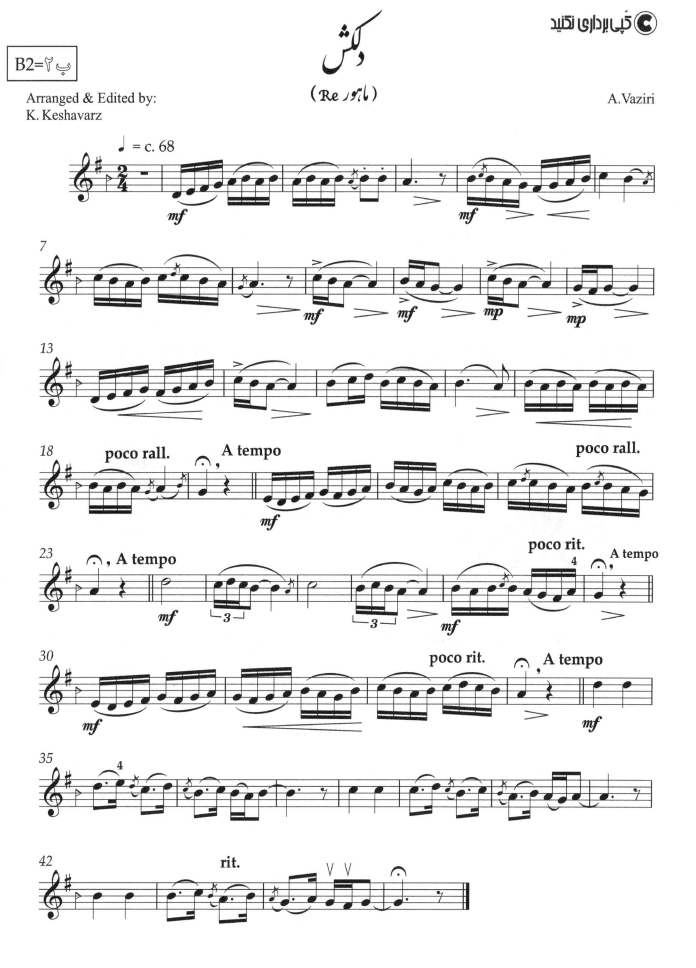

چهارپاره

(چهارباغ یا نصیرخانی)

B3=ب ۳

برای شنیدن نمونه صوتی ساز همراهی کننده (ویلون سِل)،
همچنین نمونه نواخته شده کامل قطعه (ویولن و ویولن سِل)
بار کد زیر را اسکن کنید.

G۳B۳ Cello Accompaniment

۰۹

نمونه صوتی ساز همراهی کننده

G۳ B۳ Complete Performance

۳۴

نمونه نواخته شده کامل قطعه

B3=ب۳

چهار پاره

(چهارباغ یا نصیرخانی)

Arranged & Edited by:
K. Keshavarz

Based On Radif

f
Če Ša vad Be Čeh re ye Zar de Man
Na za rĪ Ze Rā he Va fā Ko nĪ Ke A gar Ko nĪ
Ha me Dar de Man Be Ye kĪ Na zā re Da vā Ko nĪ
To Ka mān Ke šĪ de vo Dar Ka mĪn Ke Za nĪ Be TĪ
f
ra mo Man Qa MĪn Ha me ey Qa mam Bo va daz Ha mĪn
Ke Xo dā Na kar de Xa tā Ko nĪ

مجلس افروز

ب۴=B4

برای شنیدن نمونه صوتی ساز همراهی کننده (ویلون سِل)،
همچنین نمونه نواخته شده کامل قطعه (ویولن و ویولن سِل)
بار کد زیر را اسکن کنید.

G۳B۴ Cello Accompaniment

۱۰

نمونه صوتی ساز همراهی کننده

G۳ B۴ Complete Performance

۳۵

نمونه نواخته شده کامل قطعه

مجلس افروز

B4=ب۴

Arranged & Edited by:
K. Keshavarz

Based on Tajvidi's Radif

♩ = 89

8

Ossia

Sim. (Ossia & Fingering)

rit.

چهارمضراب جناب چهارگاه

C1=پ۱

برای شنیدن نمونه صوتی ساز همراهی کننده (ویلون سِل)،
همچنین نمونه نواخته شده کامل قطعه (ویلون و ویولن سِل)
بار کد زیر را اسکن کنید.

G۳ C۱ Cello Accompaniment

۱۱

نمونه صوتی ساز همراهی کننده

G۳ C۱ Complete Performance

۳۶

نمونه نواخته شده کامل قطعه

C1=پ۱

چهارمضراب جناب چهارگاه

K. Keshavarz

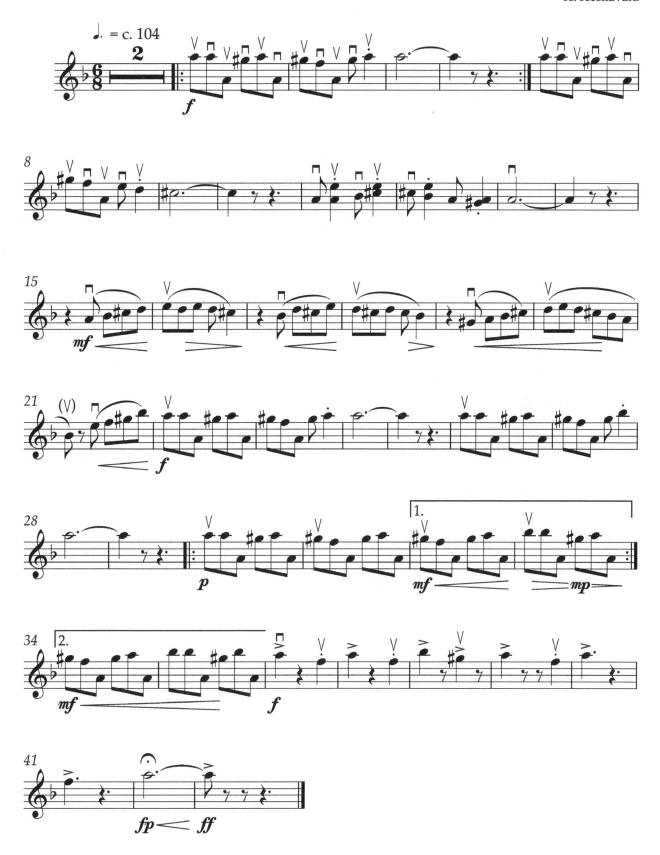

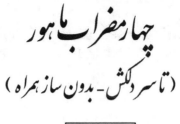

چهارمضراب ماهور

(تا سر دلکش - بدون ساز همراه)

C2=پ۲

برای شنیدن نمونه نواخته شده کامل قطعه (ویولن و ویولن سِل)
بار کد زیر را اسکن کنید.

ندارد

نمونه صوتی ساز همراهی کننده

G۳ C۲ Complete Performance

۳۷

نمونه نواخته شده کامل قطعه

C2=پ۲

چهار مضراب ماهور

(تا سر دلکش - بدون ساز همراه)

Arranged & Edited by:
K. Keshavarz

From 2nd Course of
Saba's Radif

* اجرای یکی از دو بخش I یا II در آزمون کافی است.

II
31
2
1
4(0)
3=
3
38
Sim.
43
48
poco rit.

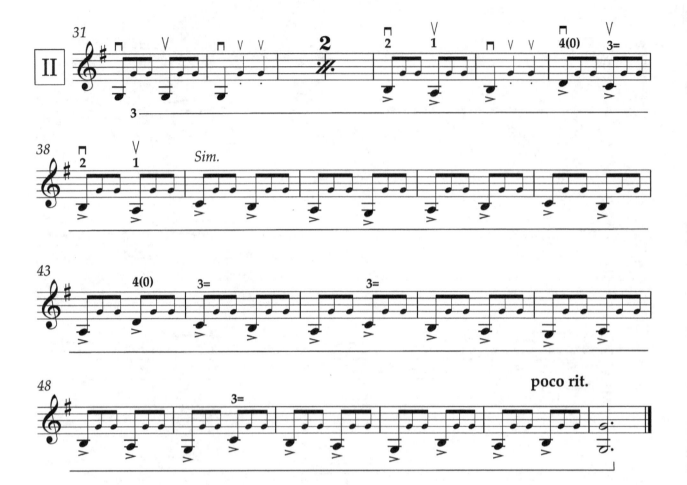

چهارمضراب حجاز

(آواز ابوعطا)

C3=پ۳

برای شنیدن نمونه صوتی ساز همراهی کننده (ویلون سِل)،
همچنین نمونه نواخته شده کامل قطعه (ویولن و ویولن سِل)
بار کد زیر را اسکن کنید.

G۳ C۳ Cello Accompaniment

۱۲

نمونه صوتی ساز همراهی کننده

G۳ C۳ Complete Performance

۳۸

نمونه نواخته شده کامل قطعه

چهارمضراب حجاز
(آواز ابوعطا)

Arranged & Edited by:
K. Keshavarz

From the 3rd course
of Violin by: A. Saba

C3=٣پ

٭ به مکان قرار گرفتن آرتیکولاسیون "تِنوتُ" (—) که در این جا نقش تاکیدی دارد، توجه نمایید.

42
48
54

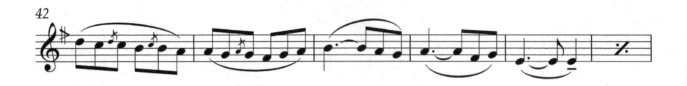

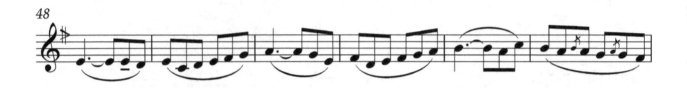

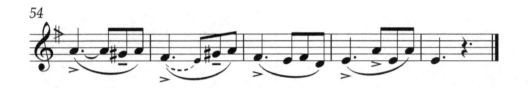

آری به اتفاق ...!

(چهارمضراب نوا)

C4=۴پ

برای شنیدن نمونه صوتی ساز همراهی کننده (ویلون سِل)،
همچنین نمونه نواخته شده کامل قطعه (ویولن و ویولن سِل)
بار کد زیر را اسکن کنید.

G۳ C۴ Cello Accompaniment

۱۳

نمونه صوتی ساز همراهی کننده

G۳ C۴ Complete Performance

۳۹

نمونه نواخته شده کامل قطعه

C4=پ۴

آری به اتفاق ....!

(چهارمضراب نوا)

Arranged, Revised 7 Edited by:
K. Keshavarz

referred to
A. Tajvidi's Radif

* به "درباره آهنگ‌ها" مراجعه نمایید.

❊ تا ابتدای نهفت برای آزمون کافی است.

* اگر می‌خواهید این چهارمضراب را به تنهایی یا با همراهی تنبک بنوازید (به جای همراهی با ویولن سل)، میزان‌های

۷۳ تا ۱۱۹ را باید به شکل زیر اجرا نمایید:

تصنیف مزرع سبز فلک

(شور La)

D1=ت۱

برای شنیدن نمونه صوتی ساز همراهی کننده (ویلون سِل)،
همچنین نمونه نواخته شده کامل قطعه (ویولن و ویولن سِل)
بار کد زیر را اسکن کنید.

G۳ D۱ Cello Accompaniment

۱۴

نمونه صوتی ساز همراهی کننده

G۳ D۱ Complete Performance

۴۰

نمونه نواخته شده کامل قطعه

D1=۱ت

تصنیف مزرع سبز فلک

(شور La)

Arranged and Edited by:
K. Keshavarz

Old Song (ANON)
Referred to the book:
"Dasture Santur"
by F. Payvar

تصنیف کیه کیه در می زنه

(بیداد همایون)

ت۲=D2

برای شنیدن نمونه صوتی ساز همراهی کننده (ویلون سِل)،
همچنین نمونه نواخته شده کامل قطعه (ویولن و ویولن سِل)
بار کد زیر را اسکن کنید.

G۳ D۲ Cello Accompaniment

۱۵

نمونه صوتی ساز همراهی کننده

G۳ D۲ Complete Performance

۴۱

نمونه نواخته شده کامل قطعه

D2=ت ۲

تصنیف کیه کیه در می زنه

(بیداد همایون)

Arranged & Edited by:
K. Keshavarz

A. Sheyda

هر چه کُنی ... !

(شهناز از شور La)

ت۳=D3

برای شنیدن نمونه صوتی ساز همراهی کننده (ویلون سِل)،
همچنین نمونه نواخته شده کامل قطعه (ویولن و ویولن سِل)
بار کد زیر را اسکن کنید.

G۳ D۳ Cello Accompaniment

۱۶

نمونه صوتی ساز همراهی کننده

G۳ D۳ Complete Performance

۴۲

نمونه نواخته شده کامل قطعه

D3=۳ تْ

هر چه کُنی ...!
(شهناز از شور La)

Arranged and Edited by:
K. Keshavarz

*۱
Shuride Shirazi (Fasiholmolk)
From The A. Davami's Radif
Compiled by F. Payvar

۱* "این تصنیف از ساخته‌های شوریده شیرازی (فصیح الملک) است که در خاطرِ بیشترِ اساتید، به شیدا نسبت داده شده است."

(نقل از استاد فقید فرامرز پایور، از کتاب ردیف آوازی و تصنیف‌های قدیمی به روایت استاد عبداله دوامی).

۲* اجرای "دا کاپو" (تکرار از ابتدا)، و تکرار جمله نخست در آزمون لازم نیست.

- شعر مربوط به تکرار این تصنیف در کتاب پارتی‌تور سطح سه از مجموعه رپرتوار موسیقی کلاسیک ایرانی موجود است.

تصنیف بسته دام

(دشتی)

ت۴=D4

برای شنیدن نمونه صوتی ساز همراهی کننده (ویلون سِل)،
همچنین نمونه نواخته شده کامل قطعه (ویولن و ویولن سِل)
بار کد زیر را اسکن کنید.

G۳ D۴ Cello Accompaniment

۱۷

نمونه صوتی ساز همراهی کننده

G۳ D۴ Complete Performance

۴۳

نمونه نواخته شده کامل قطعه

D4=۴ ت

تصنیف بسته دام
(دشتی)

Arranged & Edited by:
K. Keshavarz

A. Vaziri

A tempo
45
۵
f
50

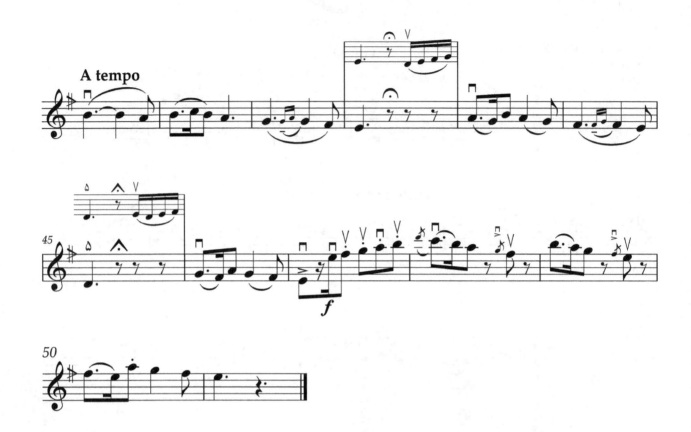

رنگ ماهور

E1=۱ث

برای شنیدن نمونه صوتی ساز همراهی کننده (ویلون سِل)،
همچنین نمونه نواخته شده کامل قطعه (ویولن و ویولن سِل)
بار کد زیر را اسکن کنید.

G۳ E۱ Cello Accompaniment

۱۸

نمونه صوتی ساز همراهی کننده

G۳ E۱ Complete Performance

۴۴

نمونه نواخته شده کامل قطعه

E1=۱ش

رنگ ماهور

Arranged & Editted by:
K. Keshavarz

R. Khaleghi

* تکرار "دال سه‌نیو" در آزمون لازم نیست.

رنگ بیات ترک

ش۲=E2

برای شنیدن نمونه صوتی ساز همراهی کننده (ویلون سِل)،
همچنین نمونه نواخته شده کامل قطعه (ویولن و ویولن سِل)
بار کد زیر را اسکن کنید.

G۳ E۲ Cello Accompaniment

۱۹

نمونه صوتی ساز همراهی کننده

G۳ E۲ Complete Performance

۴۵

نمونه نواخته شده کامل قطعه

رنگ بیات ترک

E2=ش۲

Edited & Arranged by:
K. Keshavarz

M. Maǧrufi

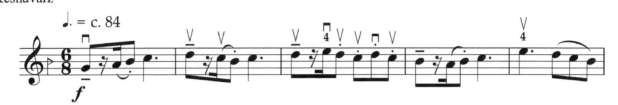

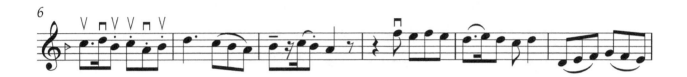

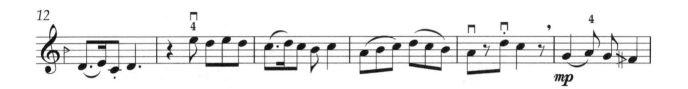

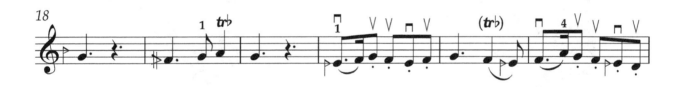

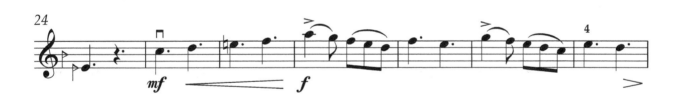

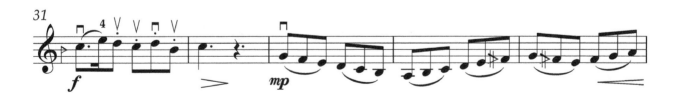

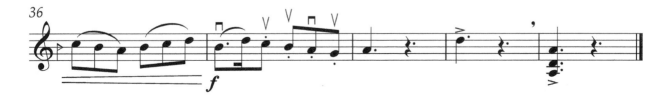

رنگ سه‌گاه

E3=ث۳

برای شنیدن نمونه صوتی ساز همراهی کننده (ویلون سِل)،
همچنین نمونه نواخته شده کامل قطعه (ویولن و ویولن سِل)
بار کد زیر را اسکن کنید.

G۳ E۳ Cello Accompaniment

۲۰

نمونه صوتی ساز همراهی کننده

G۳ E۳ Complete Performance

۴۶

نمونه نواخته شده کامل قطعه

E3=ش۳

رنگ سه گاه

Arranged & Edited by:
K. Keshavarz

R. Khaleghi

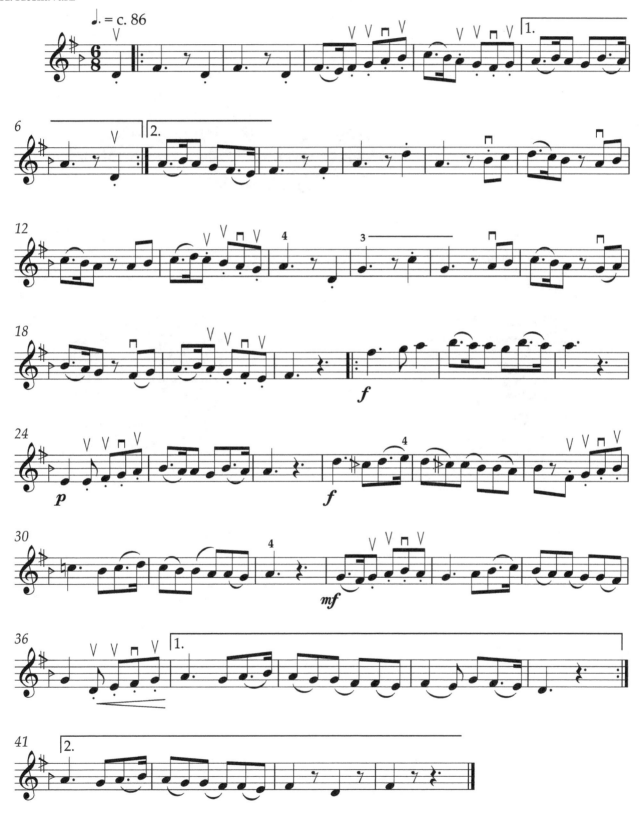

رنگ آقای ماهور

ش۴=E4

برای شنیدن نمونه صوتی ساز همراهی کننده (ویلون سِل)،
همچنین نمونه نواخته شده کامل قطعه (ویولن و ویولن سِل)
بار کد زیر را اسکن کنید.

G۳ E۴ Cello Accompaniment

۲۱

نمونه صوتی ساز همراهی کننده

G۳ E۴ Complete Performance

۴۷

نمونه نواخته شده کامل قطعه

رنگ آقای ماهور

K. Keshavarz

E4=۴ﺛ

لوطی محلّه عصّارخونه

(رِنگ افشاری)

E5=ث۵

برای شنیدن نمونه صوتی ساز همراهی کننده (ویلون سِل)،
همچنین نمونه نواخته شده کامل قطعه (ویولن و ویولن سِل)
بار کد زیر را اسکن کنید.

G۳ E۵ Cello Accompaniment

۲۲

نمونه صوتی ساز همراهی کننده

G۳ E۵ Complete Performance

۴۸

نمونه نواخته شده کامل قطعه

E5=ش۵

لوطی محلّه عصّارخونه

(رِنگ افشاری)

Arranged & Edited by:
K. Keshavarz

M. Baharlu
Referred to the 3rd Course of
Violin by: M. Baharlu

* گونه‌ای از تحریر که حاکی از ناز و عشوه‌گری است و در این‌گونه موسیقی کاربرد فراوان دارد.

39
f
44
mf
50
55
f
60

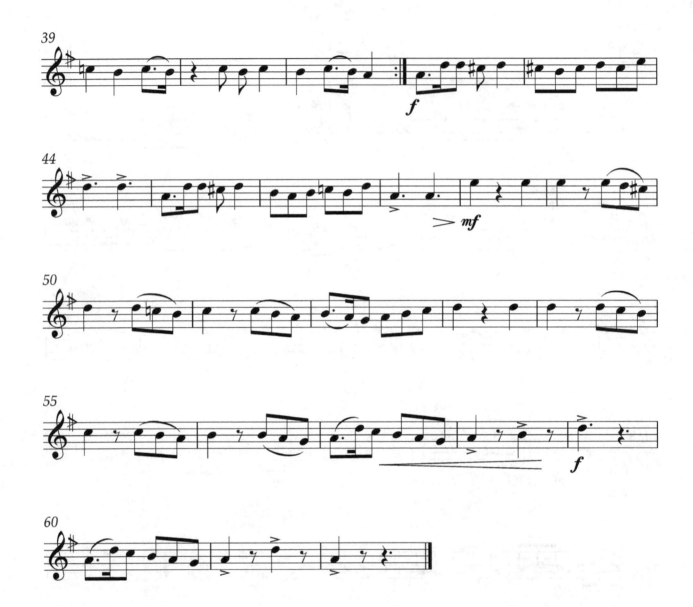

به یاد گذشته

F1=چ۱

برای شنیدن نمونه صوتی ساز همراهی کننده (ویلون سِل)،
همچنین نمونه نواخته شده کامل قطعه (ویولن و ویولن سِل)
بار کد زیر را اسکن کنید.

G۳ F۱ Cello Accompaniment

۲۳

نمونه صوتی ساز همراهی کننده

G۳ F۱ Complete Performance

۴۹

نمونه نواخته شده کامل قطعه

F1=ج۱

به یاد گذشته

Arranged & Edited by:
K. Keshavarz

A. Saba

* اجرای "دا کاپو" در آزمون لازم نیست و همان بار نخست می‌توان "کودا" را اجرا نمود.

والس همیشه بهار

ج ۲=F2

برای شنیدن نمونه صوتی ساز همراهی کننده (ویلون سِل)،
همچنین نمونه نواخته شده کامل قطعه (ویولن و ویولن سِل)
بار کد زیر را اسکن کنید.

G۳ F۲ Cello Accompaniment

۲۴

نمونه صوتی ساز همراهی کننده

G۳ F۲ Complete Performance

۵۰

نمونه نواخته شده کامل قطعه

F2=چ۲

والس همیشه بهار

Arranged & Edited by:
K. Keshavarz

A.Vaziri

در قفس

(براساس روایتی از شادروان همایون خرم)

F3=چ۳

برای شنیدن نمونه صوتی ساز همراهی کننده (ویلون سِل)،
همچنین نمونه نواخته شده کامل قطعه (ویولن و ویولن سِل)
بار کد زیر را اسکن کنید.

G۳ F۳ Cello Accompaniment

۲۵

نمونه صوتی ساز همراهی کننده

G۳ F۳ Complete Performance

۵۱

نمونه نواخته شده کامل قطعه

F3=۳ج

Arranged, Revised &
Edited by:
K. Keshavarz

در قفس
(بر اساس روایتی از شادروان همایون خرم)

A. Saba

* اجرای "دا کاپو" در آزمون لازم نیست .

- اگر توانایی تعویض پوزیسیون در این سرعت را دارید، می‌توانید میزان‌های اول تا ششم را یک "اُکتاو" بالاتر اجرا کنید.

گل پامچال

ج۴=F4

برای شنیدن نمونه صوتی ساز همراهی کننده (ویلون سِل)،
همچنین نمونه نواخته شده کامل قطعه (ویولن و ویولن سِل)
بار کد زیر را اسکن کنید.

G۳ F۴ Cello Accompaniment

۲۶

نمونه صوتی ساز همراهی کننده

G۳ F۴ Complete Performance

۵۲

نمونه نواخته شده کامل قطعه

F4=ج۴

گل پامچال

Arranged & Edited by:
K. Keshavarz

ANON
Persian Folk Song
(From North of Iran)

گام و آرپژهای سطح ۳

شیوه های مختلف آرشه کشی برای اجرای گام ها (هر سه روش در آزمون، ارزیابی می شوند):

سرعت های مورد نیاز برای سطح ۳: (میزان‌های سه ضربی) 𝅗𝅥. = c. 62 و **Max:** ♩ = c. 120 - **Min:** ♩ = c. 78

ماهور سُل
Mahur
Mode G

ماهور سُل
کاربردی
Expanded
Mahur-Mode G

ماهور سُل
Mahur
Mode G

ماهور ر
Mahur
Mode D

ماهور ر
کاربردی
Expanded
Mahur-Mode D

ماهور ر
Mahur
Mode D

دلکش ماهور ر
کاربردی
Expanded
Mahur to Delkash
Mode D

E Minor

Expanded
E
Harmonic
Minor

Expanded
E Minor

شور می
Shur
Mode E

شور می کاربردی
Expanded
Shur-Mode E

شور می کاربردی
Expanded
E Shur Mode

نوا و افشاری لا
(از شور می)
Nava & Afshari-Mode A

افشاری لا
(از شور می)
کاربردی
Expanded Afshari to Gharayi-Mode A

نوا و افشاری لا
کاربردی
Expanded Nava & Afshari Mode A

شور لا
A Shur Mode

شور لا
Shur Mode A

شهناز از
شور لا
کاربردی
Extended
Shur (Shahnaz)-Mode A

بیات ترک دو
از شور لا
Bayate Tork
Mode C

بیات ترک دو
از شور لا
Bayate Tork
Mode C

سه گاه
فا سُری
Segah Mode F𝄲

سه گاه فا سُری
کاربردی
Expanded
Segah Mode F𝄲

سه گاه فا سُری کاربردی
Expanded Segah Mode F

همایون می
Homayun Mode E

همایون می کاربردی
Expanded Homayun-Mode E

همایون می کاربردی
Expanded Homayun-Mode E

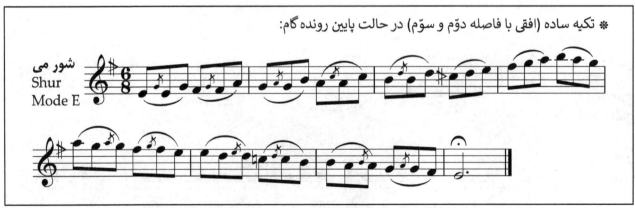

❊ تکیه ساده (افقی با فاصله دوّم و سوّم) در حالت پایین رونده گام:

شور می
Shur Mode E

جدول تطبیق الفبای فارسی و لاتین

صدا دارها (مصوّت‌ها)	حروف بی‌صدا (صامت‌ها)	
ـَ، (ءَ) .... a	ب .... b	ش .... š
ـِ، (ءِ) .... e	پ .... p	ع و همزه‌ی ساکن.... q̌
ـُ، (ءُ) .... o	ت، ط .... t	غ و ق .... q
آ، عا .... ā	ث، س، ص .... s	ف .... f
ای، عی، ی .... Ī	ج .... j	ک .... k
ای کوتاه i	چ .... č	گ .... g
او، عو، ئو .... u	ح، ه .... h	ل l
اُو (مصوّت مرکّب) ...... ow	خ x	م .... m
	د .... d	ن .... n
	ذ، ز، ض، ظ .... z	و v
	ر .... r	ی .... y
	ژ .... ž	

نکته‌ها و توضیحات:

....

....

....

....

....

....

....

....

....

....

....

....

برگه ارزیابی پایان دوره سطح ۳

اجرای آهنگ	Performance

شامل: درستی اجرا، کوک، پیوستگی، آرتیکولاسیون، فرازبندی، دینامیک، جسارت و آنسامبل‌نوازی (۱۰ نمره) ☐

گام و آرپژ نوازی	Playing Scale & Arpeggios

☐ ۱- پیوستگی و چیرگی (۱۰ نمره)
☐ ۲- کوک (اینتوناسیون) (۱۵ نمره)

بداهه نوازی	Improvisation

☐ شامل: یک‌پارچگی ریتم و تونالیته، فرم و خلاقیّت (۱۰ نمره)

دید نوازی	Sight Reading

☐ ۱- پیوستگی و نگه داشتن پالس (ضرب) پایه (۱۵ نمره)
☐ ۲- درستی اجرا (ریتم و فواصل)، آرتیکولاسیون، فرازبندی، دینامیک، رعایت نشانه‌های بیانی (۱۰ نمره)

جمع (از ۱۰۰ نمره)

☐

نتیجه ارزیابی

☐ هنرجوی عزیز .... سطح سه را با پیروزی پشت سر گذاشته‌اند و می‌توانند سطح بعدی را آغاز نمایند.

☐ متاسفیم که هنرجوی عزیز .... مهارت کافی برای پشت سر گذاشتن سطح سه را نداشته‌اند.

تاریخ ....

نام و امضاء مربی

....

نکته‌ها و توضیحات:

....

....

....

....

....

....

....

....

....

....

....

....

برگه ارزیابی پایان دوره سطح ۳

اجرای آهنگ	Performance

شامل: درستی اجرا، کوک، پیوستگی، آرتیکولاسیون، فرازبندی، دینامیک، جسارت و آنسامبل‌نوازی (۱۰ نمره) ☐

گام و آرپژ نوازی	Playing Scale & Arpeggios

۱- پیوستگی و چیرگی (۱۰ نمره) ☐

۲- کوک (اینتوناسیون) (۱۵ نمره) ☐

بداهه نوازی	Improvisation

شامل: یک‌پارچگی ریتم و تونالیته، فرم و خلاقیّت (۱۰ نمره) ☐

دید نوازی	Sight Reading

۱- پیوستگی و نگه داشتن پالس (ضرب) پایه (۱۵ نمره) ☐

۲- درستی اجرا (ریتم و فواصل)، آرتیکولاسیون، فرازبندی، دینامیک، رعایت نشانه‌های بیانی (۱۰ نمره) ☐

جمع (از ۱۰۰ نمره)

☐

نتیجه ارزیابی

☐ هنرجوی عزیز .... سطح سه را با پیروزی پشت سر گذاشته‌اند و می‌توانند سطح بعدی را آغاز نمایند.

☐ متاسفیم که هنرجوی عزیز .... مهارت کافی برای پشت سر گذاشتن سطح سه را نداشته‌اند.

تاریخ ....

نام و امضاء مربی

....

نکته‌ها و توضیحات:

....
....
....
....
....
....
....
....
....
....
....

برگه ارزیابی پایان دوره سطح ۳

اجرای آهنگ	Performance

شامل: درستی اجرا،کوک، پیوستگی، آرتیکولاسیون، فرازبندی، دینامیک، جسارت و آنسامبل‌نوازی (۱۰ نمره) ⬜

گام و آرپژ نوازی	Playing Scale & Arpeggios

⬜ ۱- پیوستگی و چیرگی (۱۰ نمره)
⬜ ۲- کوک (اینتوناسیون) (۱۵ نمره)

بداهه نوازی	Improvisation

⬜ شامل: یک‌پارچگی ریتم و تونالیته، فرم و خلاقیّت (۱۰ نمره)

دید نوازی	Sight Reading

⬜ ۱- پیوستگی و نگه داشتن پالس (ضرب) پایه (۱۵ نمره)
⬜ ۲- درستی اجرا (ریتم و فواصل)، آرتیکولاسیون، فرازبندی، دینامیک، رعایت نشانه‌های بیانی (۱۰ نمره)

جمع (از ۱۰۰ نمره)

⬜

نتیجه ارزیابی

⬜ هنرجوی عزیز .... سطح سه را با پیروزی پشت سر گذاشته‌اند و می‌توانند سطح بعدی را آغاز نمایند.

⬜ متاسفیم که هنرجوی عزیز .... مهارت کافی برای پشت سر گذاشتن سطح سه را نداشته‌اند.

تاریخ ....

نام و امضاء مربی

....

نکته‌ها و توضیحات:

....

....

....

....

....

....

....

....

....

....

....

....

برگه ارزیابی پایان دوره سطح ۳

اجرای آهنگ	Performance

شامل: درستی اجرا، کوک، پیوستگی، آرتیکولاسیون، فرازبندی، دینامیک، جسارت و آنسامبل‌نوازی (۱۰ نمره) ☐

گام و آرپژ نوازی	Playing Scale & Arpeggios

☐ ۱- پیوستگی و چیرگی (۱۰ نمره)

☐ ۲- کوک (اینتوناسیون) (۱۵ نمره)

بداهه نوازی	Improvisation

شامل: یک‌پارچگی ریتم و تونالیته، فرم و خلاقیّت (۱۰ نمره) ☐

دید نوازی	Sight Reading

☐ ۱- پیوستگی و نگه داشتن پالس (ضرب) پایه (۱۵ نمره)

☐ ۲- درستی اجرا (ریتم و فواصل)، آرتیکولاسیون، فرازبندی، دینامیک، رعایت نشانه‌های بیانی (۱۰ نمره)

جمع (از ۱۰۰ نمره)

☐

نتیجه ارزیابی

☐ هنرجوی عزیز .... سطح سه را با پیروزی پشت سر گذاشته‌اند و می‌توانند سطح بعدی را آغاز نمایند.

☐ متاسفیم که هنرجوی عزیز .... مهارت کافی برای پشت سر گذاشتن سطح سه را نداشته‌اند.

تاریخ ....

نام و امضاء مربی

....

معرفی چند کتاب دیگر از انتشارات:

برای تهیه کتاب ها از آمازون یا وبسایت انتشارات می توانید بارکدهای زیر را اسکن کنید

kphclub.com

Amazon.com

Kidsocado Publishing House
خانه انتشارات کیدزوکادو
ونکوور، کانادا

تلفن : ۸۶۵۴ ۶۳۳ (۸۳۳) ۱+
واتس آپ: ۷۲۴۸ ۳۳۳ (۲۳۶) ۱+
ایمیل:info@kidsocado.com
وبسایت انتشارات: https://kidsocadopublishinghouse.com
وبسایت فروشگاه: https://kphclub.com

CPSIA information can be obtained
at www.ICGtesting.com
Printed in the USA
LVHW060429250122
709212LV00005B/228

9 781989 880623